RHYMES AND RIDDIMS OF JAMAICA

A Celebration of
Dub Poetry

Latoya Patterson
Hermin Bell

COPYRIGHT

Rhymes and Riddims of Jamaica.
Copyright © 2021 by Latoya Patterson and Hermin Bell

ALL RIGHTS RESERVED.
No part of this publication or the characters in it may be reproduced, distributed, or transmitted in any form or by any means, including photocopying, recording, any electronic or mechanical or other methods or stored in a retrieval system without prior written content from the Authors, except in the case of a reviewer who may quote brief passages in a review.

For copyright permission, school visits, book reading and signings please email: latoyapattersonwrites@gmail.com
email: herminbell@yahoo.com

Written by Latoya Patterson and Hermin Bell
ISBN Paperback 978-1-7773961-4-5

First Edition 2021
Audio clips of the poems available at the website below:
www.latoyapattersonbooks.com

DEDICATION

Latoya Patterson
To my mother Sonia Whyte Banks:
None of this would have been possible without you constantly pushing me to be my best self.

Hermin Bell
To my daughter Shanique Rogers:
Thank you for always pushing me, supporting, and encouraging all my writing efforts

TABLE OF CONTENTS

FOREWARDS VI

ACKNOWLEDGEMENTS IX

CURRENT AFFAIRS 1
    Tan A Yuh Yaad 2
    Black Lives Matter 4
    Abduction 6
    Election Time 8
    Muzzle 10
    No Justice Here 12
    Oppression 14
    Crime Stop 16
    What's App 18
    Human Trafficking 20

CULTURAL DUBS 23
    I'm A Jamaican 24
    Bogle 26
    The Middle Passage 28
    We Will Never Forget 30
    Sam Sharp 32
    Miss Lou We Second Heroine 34
    I Am Black 36
    Me Nah Bleach Me Skin 38

LIFESTYLE 41
    Weed and Grabba 42
    Inna Me Head 44
    Friendship 46
    Me A Beg A Second Chance 48
    Bad Mind 50
    Inna The Class 52
    Me Nuh Undastand Fe Me Teacha 54
    Woman Time Now 56
    Talk De Tings Dem 58
    It Nuh Funny 60

SOCIAL ISSUES 63
Mama 64
Why Oh Why 66
Absent Dad 68
There Must Be A Betta Way 70
Mistreated 72
Pressure 74
Me Father Don't Love Me 76
Ge We Likkle Love 78
Yuh Shouldn't Touch It 80
De System 82
Better Mus Come 84

RELIGIOUS DUBS 85
Judgement 86
What Is your Mood 88
De Signs of de Time 90
Gods Plan 92
Jesus Love Fe We 94
Confused 96
ABOUT THE AUTHORS 98

FOREWARDS

Foreword

I have been a friend and an admirer of both authors' creative writings for a number of years and I am delighted to be asked to contribute a foreword for their first book. I wholeheartedly endorse and encourage persons who enjoy the Jamaican culture and poetry as well as students of the performing arts, teachers, performers and performing arts coaches to read "Rhymes and Riddims of Jamaica: A celebration of dub poetry."

In my opinion, it is an excellent debut book of dub poetry. This book definitely fills a need especially as currently published books of dub poetry are particularly hard to locate. I highly suspect that this book will prove to be an excellent resource book for many, especially those persons seeking to source relevant poems to enhance their creative work.

"Rhymes and Riddims of Jamaica: A Celebration of Dub Poetry" is more than just a book of poems. It not only gives us an insight into our Jamaican culture, but also encourages readers, performers and the audience to reflect on our struggles, victories, lifestyle and the value we place on ourselves as a people. As the founding director of a performing arts group, I am constantly influenced by poems written by various poets and authors. I have found it easier to do creative poems with my performers when I have access to a rich selection of poems from different authors.

I have been fortunate to have access to poetry from the authors of this book. Kudos to the authors who with increasing pressure from friends, colleagues, families and well-wishers have produced a book endowed with humour, intelligence, flair, substance, and the ingenuity I have come to expect from them. This book continues the work of Jamaican dub poetry greats like Linton Kwesi Johnson, Oko Onuru and Mutabaruka. It builds on their legacy and utilizes the language in ways that would make Miss Lou proud. Rhymes and Riddims of Jamaica: A celebration of dub poetry does what its name suggests. This book celebrates our Jamaican culture, and will help guide individuals to appreciate Jamaican culture as well as the value and power of dub poetry.

Dr. Maureen Campbell
Founder & Director Port Antonio Theatre Group
Chairperson – Portland Cultural Committee, Jamaica

Foreword

The love of performing arts has prepared me for the role I now occupy as the Parish Manager for the Jamaica Cultural Development Commission Portland parish office. As Parish Manager, I bear the responsibility for cultivating the Performing Arts in the parish. I also have had the opportunity to highlight and award not only outstanding performers, but also outstanding teachers/leaders in the form of Hermin Bell and Latoya Patterson. Both their influences not only unearthed the talents of their student performers but also established the Port Antonio High School as the Most Outstanding School in the JCDC Festival of the Performing Arts in Speech since 2010.

Hermin Bell and Latoya Patterson are two facilitators of education and character building. Their timeless poems which are now immortalized in this dub poetry book Rhymes and Riddims of Jamaica: A Celebration of Dub Poetry transcends generational boundaries. When dubbed to the enchanting and captivating drum beats, these poems stir the soul, educate, entertain, provoke consciousness and challenges stereotypes.

Rhymes and Riddims of Jamaica: A Celebration of Dub Poetry contains poems such as "Abduction" first performed in the 2010 in the JCDC Festival of the Performing Arts. It also includes the very popular poem entitled 'Weed and Grabba'. This poem was first performed at the JCDC Festival of the Performing Arts in Speech in 2010 by an all-female ensemble and again in 2011 by a male soloist, both winning Silver medals. However, it was not until 2016 when the poem was again introduced to the competition in the form of a choir in the Experimental Dub Poetry category, where it won a Gold Medal for the first time, but certainly not the last. Solo performers have won Gold medals on two other occasions since then performing the poem 'Weed and Grabba'.

I am especially grateful that this anthology will reveal a new generation of exceptionally talented poets who have both pursued poetic arguments through what they have lived and read. These are poets who present material that brings about the exploration of the imagination and therefore heightens the value of each poem. These poems are works of art which the audience can easily relate to as the issues expounded on in these poems mirrors their lives.

As a former educator, it excites me to be asked to write the foreword for this anthology of poems. The influence of the poetry of Hermin Bell and Latoya Patterson have also transcended across institutions, as performers from not only Port Antonio High School, but other institutions such as Port Antonio Theatre Group..

I have personally witnessed the transformational power of these poems as they helped to unearth, highlight and promote the talents of the many students and adults who have performed them. This is what good poems do. I predict that as you read Rhymes and Riddims of Jamaica: A Celebration of Dub Poetry you will have no choice but to add this book to your well-loved books shelf and add these poets to the list of other admirable Jamaican poets.

Orton Manahan
Parish Manager
Jamaica Cultural Development Commission, Portland, Jamaica

ACKNOWLEDGEMENTS

The creation of this book would not have been possible without the many individuals who offered advice, aid, critique and emotional support. Firstly, I want to thank God who has made all of this possible. I also wish to acknowledge my creative partner and sounding board Keva Harris James. She offered valuable critique and was responsible for nudging and pushing me to write these dubs.

The students of the Port Antonio High Performing Arts Troupe must be acknowledged for giving my poems life and my craft an outlet. Gratitude is extended towards my family including my sister Hadiya Banks, my father Carlton Banks and my uncle Carey Banks. They have supported me every step along the way.

I am immensely grateful to the administration and staff at the Port Antonio High School for their continued encouragement and support. I also wish to acknowledge my friends Antonett Harry and Carlene Bryan for granting me their patience and time in perusing my creative endeavours. Thank you both for being my beta readers and my unofficial editors; you are both deeply appreciated.

Thank you also to my Co-Author Hermin Bell for agreeing to merge our creative efforts. Thank you also, to the other members of my family and friends who have also contributed to the success of this venture but are too numerous to mention all by name. Tenk Yuh.
Latoya Patterson

First, I must thank God for the precious gift he has handed me by giving me the ability to create literature with my words. Special acknowledgement goes out to my daughter Shanique Rogers who came home from school with poetry homework and generated the idea of writing a dub for performance. She was the first person to perform one of my pieces and has continued to do so, on a large number of stages.

Thanks to my daughter, Angella Whyte who encouraged me to write this book every step of the way. A special thank you to my co-author Latoya Patterson, who introduced the idea of merging our creative efforts and for assisting me in creating this project. Thank you to Keva Harris James and the students of the National award-winning Port Antonio High School Performing Arts Troupe for bringing my vision to life on numerous occasions over the years.

Many thanks to Mrs. Nadine Mclean, who acknowledged my efforts by recommending me for the Jamaica Cultural Development Commission (JCDC) Award, for Community Development in Literature. To my family and friends who have always wished me the best. Thank you all.

Hermin Bell

Latoya Patterson Hermin Bell

CURRENT AFFAIRS

Tan A Yuh Yaad

Latoya Patterson

This poem was written during the Coronavirus pandemic, with the aim of informing and educating readers about the consequences of not abiding by the newly implemented rules to stay safe in order to stem the spread.

Refrain
Tan a yuh yaad, me seh fe, tan a yuh yaad,
It cyaa be dat hard, fe yuh, tan a yuh yaad
Tan a yuh yaad, please, tan a yuh yaad
Why yuh ears suh hard, just, tan a yuh yaad.

Verse One
Coronavirus, change we life, fe de worse,
Coronavirus, is like a penance, and a curse,
We doan have a vaccine, or even a cure,
COVID nuh business, if yuh rich, or yuh poor
Coronavirus, mash up, all a me plan
Me cyaa go a road, suh a yaad me haffe tan.

Verse Two
Several times a day, me haffe, wash fe me hands,
And me haffe, wash it, fe up to, twenty-second,
Until we get a cure, yuh betta, wear yuh mask,
Although it might hot, please doan, tek it off,
Social distancing means, stay six feet apart,
Nuh touch yuh eyes, or yuh face, and yuh mouth part.

Verse Three
Some people deh a road, and a party anyway,
Until police ketch dem, and dem haffe pay,
Some hype pon social media, and dem break de curfew,
But dem all change dem tune, wen Bro God come through
Me cyaa hustle nuh more, and me have, bills due today
But me still haffe listen, wen de Govament say.**Verse Four**
Bar, School, Bank, and even church shutdung,
Cause everywhere, people gather, under lockdung,

Latoya Patterson Hermin Bell

Try nuh cough wen yuh out, If yuh nuh waan get dutty look
Cause de way people fraid, yuh might get a left hook,
Whole heap a people bawl out, oh my lord,
But try help yuhself and tan a yuh yaad.

Verse Five
Yuh nuh haffe be a genius, to see this virus very serious
Pickney cyaa go to school, fe go learn de golden rule
Me cyaa go a church, fe go praise me lawd,
Me haffe worship him, right from me yaad
If me can do dat, den why cyaa yuh,
Instead yuh choose fe party and break curfew.

Verse Six
Dem just as scared as we, and dem have fi
Tenk God fe those in de medical profession
All of dem should wear capes, like superman
Cause dem never run weh, and throw up dem han
Instead dem work and tek care of everyone
Dem just as scared as we, and dem have it really hard
And all dem really want is fe yuh tan a yuh yaad.

Black Lives Matter

Latoya Patterson

Black Lives Matter *is a social commentary on the ongoing cases of publicized ill-treatment of Blacks, within the USA. The poet laments the anguish and anger experienced by the masses as their relatives are senselessly killed by members of the police force, with little to no recourse achieved.*

Refrain
Black lives matter me a tell yuh dat.
Black lives matter me a state a fact.

Verse One
Tek yuh foot off me neck dutty Babylon,
Yuh nuh value me life, dis me undastand,
Yuh kill George Floyd and stop him breath
Unuh put unuh knee right pon him neck,
"I can't breathe" a de black man's new cry,
Dem nuh value we life and me wonder why.

Verse Two
If we march fe we right, unuh get quite mad,
Wen we sit dung in dissent, unuh seh we too sad
 If we kneel in protest, unuh seh we still wrong,
And wen we speak out, unuh seh we move too strong
But wen we die, unuh nuh have nutting fe say,
Cause all yuh really want, is for we to go away.

Verse Three
Dem kill Breanna Taylor, while she laid in bed,
Stephon Clarke, a him yaad, dem shoot him dead
Dem kill Ahmaud Arbery fe running while black,
Walter Scott dem shoot right in him back,
Botham Jean dead pon him couch while him eating ice cream
Sandra Bland dead in her cell, yet nuh one hear her scream.

Verse Four
Call dem name, seh it loud, so dem won't forget,
How dem abuse and kill us have we really upset
True me black, yuh tink seh, me nuh have nuh rights,
True me black, yuh tink me worthless, cause me nuh white
De way how we suffer it brings tears to me eye,
Dat's why more time we lift we head to de sky.

Verse Five
De many cases of, police brutality,
Has led to an increase in, black mortality,
Black lives matter is valid for Jamaica too,
Cause sometimes we abuse each other fe true
We might nuh hate each other, cause of skin colour
But we brutalize each other, cause of de dollar.

Abduction

Hermin Bell

Abduction *was written as a response to the frequent cases of abduction and crimes against our nation's children. The poet also wished and to express the feelings of grief, emptiness, heartbreak that is felt whenever she hears about another case of child abduction*

Refrain
Abduction is a serious function,
Ina de end yuh ago reap destruction.
Abduction is a serious function,
Ina de end yuh ago reap destruction.

Verse One
Yuh think yuh ago rape and get weh wid it?
Yuh tink yuh ago kill and get weh wid it?
Slay de widow and rape de baby,
Carry de pickney go trow a gully,
Fada God nah sleep unuh ago weep,
Wha uno sew a wha unuh ago reap.

Verse Two
How long shall de wicked triumph?
Kill de children and carry go dump,
Is not yuh blood how yuh want it fi pump,
yuh lurk ina de dark, a pree like a hawk,
And a sort out who next fi mark,
We nah go trust no shadow afta dark.

Verse Three
It really pain me heart yuh see,
How Jasmine Deans neva get her degree?
Dem cut down Shana- Kay Legester,
Who to tell she coulda been a doctor.
Ananda Dean is now lying in her grave,
Just because mankind get so deprave.

Verse Four
Why yuh left more space on de monument?
Fe add more name to de testament?
God sits high and look down low,
Him just a watch how de innocent blood jus a flow,
Don't lose sight and think him nuh know,
Sooner or lata unuh life ago blow.

Verse Five
We ago walk through de valley of de shadow of death,
We na go fear no evil and we nah go fret,
Too much hate and grudge ina de community,
Night and day is like a killing spree,
Dem have to flee when we go pon we knee,
Our heavenly fada did sign a decree.

Election Time

Latoya Patterson

This dub poem narrates the revelry and excitement that preceded the General elections in Jamaica. The campaign journey includes music, motorcades and rallies. Many people are die-hearted supporters of one political party over the other and go to great lengths to show their support.

Refrain
*Sound de horn, ring yuh bell, join de voting line.
Mek we bet, my party, win election dis time.*

Verse One
Its yuh right, to vote, fe de party of yuh choice,
Vote dem in, vote dem out, yuh vote is yuh voice,
Show yuh choice, by wearing, yuh orange or yuh green,
Support yuh party, attend de rally, if dat is yuh scene,
De motorcade, a get ready, and it cyaa miss me,
Me a follow, this a party, from me eye deh a me knee.

Verse Two
Wen motorcade, a come through, all pon bus top people kotch,
Yuh tell dem, dat nuh safe, but dat still nah mek dem stop.
All dem dog, people paint, just fe show who dem back,
Me nuh tink, dat is right, but a fe dem bizniz dat.
Votes a buy, vote a sell, dem a offer people cash,
Dem cyaa buy, my vote, nuh matter how much cash dem got.

Verse Three
Me Facebook feed, full of, pure political post,
Dem a cuss, each other, and a do de most.
Words a dash, dem a boast, bout who and who great,
Last time, dem mek promise, and all now we still a wait.
Next time, if dem dweet, fe me vote dem nah go get,
If yuh tink, me a lie, why doan we mek a bet.

Verse Four
Labourite and Comrade rearing to go,
Who will win, de election, right now we doan know.
Manifesto, a post, though few people read,
More people, need fe read it, before dem choose who lead.
Most nuh vote, on issues, dem vote fe who dem like,
Dis, just seem to prove, de voters nuh too bright.

Verse Five
Song a drop, dub a play, who has de best one,
Me cyaa seh, all me know, both moving strong.
One will win, one will lose, wen this yah race yah call,
All me know, wen it over, someone a go bawl.
It nuh matter, who win, noting much will really change,
Me still a go vote, though, yuh might tink it strange.

Muzzle

Hermin Bell

Muzzle *was written during the Coronavirus pandemic / Covid 19 in the year 2020. It recounts the experiences of persons suffering through this pandemic and tries to explain how the masks that we were all forced to wear creates the feeling of being leashed and muzzled.*

Refrain
Muzzle we muzzle what a serious trouble,
Nuh likkle hug no likkle cuddle,
Muzzle we muzzle what a serious trouble,
 Coronavirus will get yuh inna trouble.

Verse One
Odda virus come and go, why corona linga so,
Thousands of people deed and de death rate a grow,
Wash yuh hands, wash yuh face, don't sneeze nor cough,
What a sticky situation, me can't even laugh.

Verse Two
Tan a yuh yard a de latest talk,
Dem boy cyaa hang out pon de sidewalk,
We haffe quarantine by de law we abide,
And watch de economy and de dolla jus a slide.

Verse Three
Down a wuhan china it come from,
 Six feet apart dem seh we fe tan,
Put on yuh gloves Keep on yuh mask,
A wonder how long it ago last.

Verse Four
Dem seh a covid-19 but a cardiac arrest,
 Jodean Fearon died her heart go inna destress,
Because of speculation de baby nuh suck no breast,
 And de hospital denied her medical request.

Verse Five
Dis a death row fe underlying sickness,
Yuh immune haffe good fe fight off this,
Every country every state street and lane,
Covid-19 effect even de people with fame.

Verse Six
If yuh have symptoms of Coronavirus,
Get de Covid test and a medical checkup,
Hospitals schools and airways lock,
A when some church ago open back.

Verse Seven
Inna supermarket de shelf dem empty,
Street and lane what a 2020,
Spend time with yuh family feel dem pain,
Because this world will never be de same.

Verse Eight
While we quarantine praise God and shout,
Edah yuh hot or cold de Bible talk bout,
If yuh lukewarm, God will spew yuh out him mouth,
Test of faith fe every Christian nuh time to pout.

No Justice Here

Latoya Patterson

This poem was written to express the poet's dismay and abhorrence for what she believes is injustice towards a teen, who is shot and killed after an unfortunate incident identified in the poem. The poet's despondence is evident, as she believes the justice system failed to give justice.

Refrain
There is no justice here!
There is no Justice here!
And yes it's clear no one seems to care
Dat there is no justice here!

Verse one
Waaah!!! A mother's scream rends de air,
Waaaah!! But nuh one seems to hear.
Her tears ignored her cries go unheard
Nobody looks or even seh a word.
It's just too much for one soul to bear,
And low and behold justice is nowhere.

Verse Two
Her son is shot dead,
Him get a bullet to de head.
His soul cyaa rest in peace,
Because his mother still weeps.
Justice is blind and deaf to her pain,
And through it all de system remains de same.

Verse Three
Yuh tink a lie me a tell just tek a look,
How him kill de likkle boy and get off de hook.
Him shoot de boy in cold blood and just walk free,
De result would be different if a yuh was me
A case of road rage brought suh much grief,
Khajeel Mais is gone his life was suh brief.

Verse Four
Me got suh much tings to seh and none of it nuh good,
Suh much tings to seh but me wonda if me should.
Me torn in two and it mek me suh sad
But de oda side of me is just suh mad.
Me seeking clarity, because of this tragedy,
Dem seh we have equality, but this is a travesty.

Verse Five
And now everybody mad at de verdict,
But tell me how dem really could a convict.
Cause all of a sudden everybody get mute,
And nobody brave enough fe talk de simple truth
Cause we claim seh we a nuh informer,
Suh nobody waan to be de reformer.

Oppression

Hermin Bell

Oppression is a social commentary on the many ways we are misrepresented by our government and the way their failure to fulfil their promises to the country has made our lives more arduous.

Refrain
Me come inna me blacks, me strap and me locks,
Me come fe talk de facts bout de cat and de rat.

Verse One
Segregation that a too much separation on de land,
Me wish de two party could live as one,
De rich must live and de poor must die,
Look how yuh promise, why yuh so lie.

Verse Two
What if yuh do less talk and act on we behalf,
Start to walk and start to ask,
Look on de people dem get de facts,
Yuh live in a house dem live in a shack.

Verse Three
Parliamentary strategy a, rip-off and fraud,
It affect everybody both home and abroad,
Come out a de kitchen if yuh can't bear de heat,
Come out a yuh slumber come out a yuh sleep.

Verse Four
Yuh want fi eat, yuh want fi reap sweet,
What about de higglers on de street,
Every stall yuh destroy hungry pickney a ball,
Papa gone, and left mama with her back against de wall.

Verse Five
Stop play unuh tune and dance it,
Look how uno sell out de country every little bit,

Airport, Railways, hope dem no sell out de wharf,
Dem ge we new roads but we haffe pay half.

Verse Six
Hear this now Mr. Government man,
A de I.M.F. unuh a depend pon,
1962 unuh say that wi free, free from slavery or bankruptcy?
So why yuh spend de money, unnecessarily.

Crime Stop

Hermin Bell

Crime Stop was written as a response to a period of an upsurge in crime in Jamaica The poet was inspired to put her feelings into poetry about the horrible crimes taking place.

Refrain
Hay oh a me seh Jesus Christ oh,
Help Jamaican wid de whole heap a crime,
Hay oh a me seh Jesus Christ oh,
Help Jamaican wid de whole heap a crime.

Verse One
Unu nuh tired fe kill unu one anada,
Every baby yuh rape a yuh likkle sista,
De boy yuh molest a yuh likkle bredda,
Yuh murda yuh mada, and yuh fada,
Kill off de Pasta, yuh outa orda,
Gwaan go siddung, watch law and order.

Verse Two
Every day me git up, tun on me TV,
Two little juve a beg nuh kill me,
Dem seh "I am trying to be de best I can be,
So please don't take my life from me".
Ratta-tat-tat whole heap a coppa shot,
Even Baby pon de breast dem haffe get flat,

Verse Three
Community a war wid community,
And de innocent life ina jeopardy,
Unu fe stop it now, tings a get sticky,
God nuh like it, trigger happy little Rickey,
Yuh tink yuh a dapper yuh a murderer,
Stop kill off de future, dat's an order.

Verse Four
Good cop, bad cop,
Yuh neva know yuh woulda get caught ina de trap,trap,trap,
Kill de man put de gun in a him hand,
Tell de mada say a gang-bang.
Good God this a gwaan too long,
Help Jamaica , Help Jamaica wid de whole heap a crime.

What's App

Hermin Bell
What's App *is a light social commentary on the popularity and use of this communication platform.*

Refrain
Tap- Tap and zoom mi in oh dem a zoom mi in,
Tap- Tap and zoom mi in oh dem a zoom mi in.

Verse One
Closest friends and family memba,
A fi dem number yuh phone register,
But yuh DP pic and yuh status update,
It lean nuh straight, me naa debate.
The phone dem smart a dat yuh fi know,
All read de message and de blue tic nuh show.

Verse Two
Dem look on mi frock, mi des, mi dat,
Spread de screen look if de background hot,
Swipe yuh finger, one screenshot,
Every little thing dem post and chat.
When de phone ring me don't ansa at all,
Me just pree de numba mek it go a miss call.

Verse Three
If dem call and chat, dat a just some,
Dem type off dem thumb till dem finger numb,
If a ten long years, mi have to burst de silence,
Dem numba have an issue with distance.
When dem nuh want fi chat, dem signal drop,
Me delete and block and that's a fact

Verse Four
Some voice note and keep it afloat,
Or load up yuh phone with a whole heap a joke,
Dem sen yuh a thing from way back when,
When yuh read to de end yuh fe share with yuh fren.

Now that im grown I don't do chains,
So why yuh a send it again and again.

Verse Five
In yuh own words yuh fe tell me dat yuh care,
Whole heap a love gif everybody dun share,
After ten o'clock a nuh nap me a nap,
Me gone a mi bed yuh fi respect that.
Three o'clock, four o'clock yuh hear peng, peng,
When me tek a stock a just video dem a send.

Human Trafficking

Latoya Patterson and Erica Wynter
This poem was written originally for a competition. Subsequently, it has been performed a number of times in various local and an international poetry competition to illuminate the issue of human trafficking.

Refrain
Stop it unuh stop it,
Human trafficking is a dirty habit Stop it, please Stop it,
Human trafficking is a dirty habit.

Verse One
We seh slavery end but it nuh end
Yow Jah know me bend.
Unuh a sell de pickney dem,
Mek it worse who a do it nuh family and fren.

Verse Two
Unuh put out add inna newspaper,
Seh unuh want Masseus and Spa Attendant fe go laba.
But a lie unuh a tell cause farm work deh,
Dung a ministry a labour suh unuh tan deh deh.

Verse Three
Unuh have dem inna club a dance go go,
And a prostitute demself dat is a big no no
Human trafficking yuh nuh fi dweet,
Nuh tek de boys and girls dem offa street.

Verse Four
A whole heapa people dem a sex trader,
A lure de boy and girl from de country area
Den de victims become de perpetrators,
Dat mean dem trade dem owna sista.

Latoya Patterson Hermin Bell

Verse Five
Please we a beg unuh please,
Put we mind at ease we a go pon we knees
De mada dem a mad sista she sad,
De tears dem a flow a true yuh nuh know.

Rhymes and Riddims of Jamaica

Latoya Patterson Hermin Bell

CULTURAL DUBS

I'm A Jamaican

Latoya Patterson

Written from the perspective of a Jamaican native, the speaker reminds the world how proud she is of her native heritage. While her country has come under scrutiny for some heinous events, the people continue to make the island a natural treasure.

Refrain
I'm a Jamaican, I'm a Jamaican,
Citizen of this Caribbean nation
I'm a Jamaican, I'm a Jamaican.
Proud to be born in this likkle Island.

Verse One
A nuh everyday me proud to be Jamaican,
A nuh everyday me proud a weh me come from.
Like wen de killing and de stealing and de crime rate high
And wen we do someting fe mek me bawl out why.
Sometime me waan scream and me just haffi cry,
But throughout everyting me still cyaa deny.

Verse Two
Jamaica may small we not a G8 country.
And though we tiny everybody know we.
This is true now more than eva,
Cause weh we gwaan (wid a olympics) mek we name forever
Now everybody know Elaine, Usain and Shellyann,
And everybody know a Jam dung dem come from.

Verse Three
Yes Bob Marley and Reggae did put we pon top,
Now dem know we fast like lightning and dem cyaa deny dat.
We flag a fly high and we anthem a play loud,
Me chest swell big and yuh know seh me proud
We culture spread from de east to de west,
And me confidently declare dat we a de best.

Verse Four
Though me brag and me boast me still haffe admit
Some tings nuh really good and me haffe seh it.
Crime mek de govament nuh know wha fe do,
And dem seem just as confuse as me and yuh.
Kingfish couldn't swim suh it sink like lead,
And noting else nuh work suh even more people dead.

Verse Five
Nuff tings inna Jamaica me really proud bout,
Like how we food and we music mek dem bawl out
As Jamaicans, we know wen times get rough,
We haffe work together till de time less tough.
Suh we band we belly and hide we distress,
Cause wen we pull through nuh other nation can test.

Bogle

Latoya Patterson

Paul Bogle is one of Jamaica's national heroes. He was responsible for leading the Morant Bay rebellion during colonization. This dub poem was written to celebrate his actions and leadership abilities during those turbulent times.

Refrain
Bogle! Yuh were de one who lead de fight, Bogle! Yuh stood for fair and what was right. Bogle! Although they hanged yuh on dat tree, We remember yuh today for what yuh do fe we.

Verse One
Born in Stony Gut St Thomas in 1822,
He tried to cast his vote but those who could were very few,
Black people did free but dem condition neva right,
Dem wage was small and tings did really tight
And nuh care how dem beg and bawl,
Nobody nah listen to dem call.

Verse Two
Bogle walk from Stony Gut clear to, Spanish Town,
To tell de Govna dem problem, but de Govna turn him dung
Dat must have made him Sad,
Dat must have made him really mad!
But yuh tun back and go home to try to fight anada day,
And yuh tried fe hold yuh piece till yuh rebel a Morant Bay.

Verse Three
De people really neva have nuh say,
And worse dem barely dida get any pay
And all of this did happen just after slavery end,
Bogle tried to compromise but govament wouldn't bend
Suh at de trial of a man Bogle decide fe tek a stand,
And dat's how him come, fe lead dat great rebellion.

Verse Four
Now I doan want yuh get it wrong
Bogle wasn't de leader of a gang,
Many claimed he was a real peaceful man,
Caused he preached at church and was a deacon
Bogle only wanted what he knew was right,
Him neva know it would turn into a fight.

Verse Five
Bogle wanted justice and fair treatment,
He really hoped they could come to an agreement.
Him neva waan cause trouble or set out fe do nuh wrong
But de actions of de govament seem to force him han.
Dem refuse fe hear de cries of de people cause dem poor,
Till him lead dem to rebel, cause dem couldn't tek nuh more.

The Middle Passage

Latoya Patterson
This dub piece was written to educate students and the public about the horrors of the middle passage. Using a dramatic tone, the poet engages readers through vivid visual imagery and many sensory details.

Refrain
Chained like beasts in a very small room,
The middle passage was a voyage of doom.
Cause the middle passage, was filled with so much misery
The middle passage was a wretched journey.

Verse One
From Africa to the Caribbean this journey went,
The middle passage was a journey of lament.
Shackled like animals there was nuh room to turn
All this misery cause of what they would earn.
This wretched journey took sixteen weeks,
The death toll was high our future bleak.

Verse Two
The heat was sweltering and we perspired,
Our hold was so horrific we almost expired.
The stench was so foul we fought for breath
Our days were so wretched we prayed for death.
In these conditions' disease began to spread,
There was no burial so overboard went the dead

Verse Three
Different nations of captives were mixed,
This prevents us from forming cliques.
Which meant we couldn't make any plans
Especially plans about rebellion.
Preferring death some refused to eat,
But that made our captors knock out our teeth.

Verse Four
Some claimed we had died and this was hell,
This was a place white demons dwelled.
Many attempted suicide a few succeed,
Our captors prevented this because of greed.
The ship made for a hundred held six hundred instead
It was no wonder there was so much bloodshed.

Verse Five
How much lower could humanity sink,
How much more cruelty I shudder to think
Have we lost our sense of humanity?
That we treat each other with such cruelty.
How can we use and sell our own kin,
In God's sight and yours, this must be a sin.

We Will Never Forget

Latoya Patterson

This poem was first written and performed in celebration of Black history month. It pays homage to the ancestors and all they achieved for the Black race. It was later entered in the JCDC festival competition and earned a Gold medal.

Refrain
Dem want we to forget but we will never forget,
Dem want we to forget but we will never forget,
Dem want we to forget but we will never forget,
We will never forget until dem pay we fe we sweat.

Verse One
Shall we forget how dem steal we from we land, Shall we forget how dem shackle de black man, Shall we forget how dem tear we from loved ones Shall we forget how hard we toil under de sun.

Verse Two
We never born like this, we nuh come from here,
We came from Queens, Kings, Warriors and Seers
Dem seh we barbaric and dat we really did wild,
Wen me hear dat me just shake me head and smile.
Cause although dat might be true,
We also start de first university at Timbuktu.

Verse Three
Must we forget how dem stand up pon we back,
Must we forget how dem treat we cause we black
Must we forget how dem whip we in de field,
Must we forget how dat whip did feel.
We won't forget but one day we'll forgive,
Cause although dem do we dat we still strive and live

.Verse Four
Look how we build dem empire from we toil
Look how we blood and tears water de soil,

Look how we work dem plantation,
Look how we build dem foundation,
Look how much suffering we did undergo
 Look how little we have from it to show.

Verse Five
We will never forget Africa de motherland,
We will never forget we start civilization,
We will never forget our great leaders,
Remember Shaka Zulu was our ancestor,
We will never forget but one day we'll absolve,
Just to show dem how much we have evolve,
Dem want we to forgive alright we'll forgive,
But we'll never forget we will never forget.

Sam Sharp

Latoya Patterson
This dub was written in honour of one of Jamaica's national heroes, Sam Sharp. It narrates his work during slavery and pays homage to him for the impact he had on the Jamaican people during slavery.

Refrain
Sam Sharpe was a great man,
Him never intend fe harm nuh one
Sam Sharpe was a great man,
Him never intend fe harm nuh one.

Verse One
Sam Sharp was a slave who could read and write
And he knew in his heart slavery wasn't right,
Sam rightly believed all men should be free,
And wen dem work dem should get a little fee.
He knew freedom wouldnt come without a fight,
And he knew de planters wouldn't grant dem equal rights.

Verse Two
Sam summoned slaves from every plantation
And told all of dem dat he had a plan.
They didn't have internet or even cell phones,
Dat didn't stop de plans from becoming well known.
De plans he made travelled by word of mouth,
From de east to west and north to de south.

Verse Three
He told all de slaves de queen free we,
But de planters dem wicked and greedy.
Dem nuh want pay we suh dem keep we in slavery,
Suh from right now we naaw work for free. Sam organized a strike but de slaves were rowdy, And dem bun de estate as far as yuh could see.

Verse Four
Sam's plan turned into de Christmas Rebellion
It became Jamaica's largest slave Rebellion.

De planters squashed it very brutally,
Den dem hang papa Sam on a very big tree.
But before he died he said now I'm free
Free !free !free from slavery!

Verse Five
De planters did not react suh favourably,
They put dung de revolt very heartlessly
In fact, they acted very cruelly,
Many slaves were killed quite gruesomely.
Which eventually lead to de end of slavery,
This makes this a case of great irony.

Miss Lou We Second Heroine

Latoya Patterson

This poem was written in celebration of the Honourable Louise Bennet and a desire to see her recognized as Jamaica's second national Heroine.

Refrain
Me naw play, me just vex ,Fe me teeth me naw kin
Me want know, why Ms. Lou, is still not a heroine.
Look weh she do, fe mek we proud, of fe we patwa,
Yet dem a gwaan, like weh she do, it still nuh matter.

Verse One
Why dem a try dis Jamaica's first daughter,
Why dem a gwaan like, dem nuh know nuh betta
Miss Lou tek we language far and a broad,
Even wen dem did shame a it a yaad.
She is a daughter of de soil and a proud Jamaican,
Dem fe reward her fe har service to this great nation

Verse Two
Patois used to be de language of de buttu,
But all of dat change because of Miss Lou.
She had many talents she could write, sing and act
She is a national treasure and we all know dat,
Remember what she seh wen de Anancy story done
Jack mandora me nuh choose none.

Verse Three
Miss Lou left Jamaica, cut cross go foreign,
But wen she come back, she start up ring ding
Nuff Saturday morning me wait pon dat show,
Me did really want deh pon it if yuh really want know
Me know every song and me tink me could sing,
And to tell yuh de truth, all now me miss ring ding.

Verse Four
Suh wen we chat bout kirot and kiss teeth and seh we vex
Memba Miss Lou mek we proud a we dialect.

She teach we folk songs and mek we sing dem loud
She promote we culture and mek we feel proud.
Ms. Lou prove we language have syntactic structure,
Dat's why she is de mother of de Jamaican culture.

Verse Five
She highlight de lives of ordinary Jamaicans.
She mek we feel she was a friend to everyone.
Wen me hear her name fe me heart feel warm
Wen me hear her words me understand her charm.
All who neva hear her surely missed out,
Suh mek we teach dem weh we a chat bout.

Verse Six
Me really have fe laugh wen some people start twang,
Dem shoulda use de patois and nuh come out suh trang
Mek we use we dialect nuh mek nobody mek we shame
And wen we use it, we fe do it in her name,
Suh mek we big up Miss Lou shout her name to de hills,
And mek we hope we meet someone else wid fe her skills

(Words in stanzas, which are in italics and brackets, are said quickly to maintain the riddim of the poem.)

I Am Black

Latoya Patterson

This poem honours black ancestry. It provides a historical account of African roots and encourages Black people to celebrate their heritage with great pride.

Refrain
I am black and I am proud,
If yuh know yuh black and proud Den shout it out loud,
I am black and I am proud.
If yuh know yuh black and proud Den shout it out loud.

Verse One
From de continent of Africa we hail,
We skin dark though some of we pale
We are great in numbers we nuh few,
We come in all shape size and hue.
Suh wen me see people bleach, Jah know me want cry
It mek me raise me head up and ask de fada why.

Verse Two
We bear years of slavery and pain,
Just fe grow white man sugar cane
But through it all we stand steady and strong
Even though we were slaves fe suh long.
But after night there must come day,
And we knew one day we'd get away.

Verse Three
Martin dreamed of equality,
But now we filled wid disunity
Marcus said we fe stand up and be proud,
Stay inna de front doan hide inna de crowd
Malcolm tell we fe hold up we head,
A we must lead not be de ones who are led.

Verse Four
We home a de cradle of humanity,
Yet some race still look dung pon we.
We make great contributions to de arts
And yuh know we resilient and smart.
Suh wen we beat we chest and seh we a de best
Yuh better agree, nuh other race can test.

Me Nah Bleach Me Skin

Latoya Patterson

This poem was written to expose the skin-bleaching epidemic in Jamaica. It highlights what it means to be Black and encourages readers to be confident in their own skin.

Refrain
Me nah go bleach me skin because me want to fit in,
Me nah go bleach me skin destroy me good good melanin
Me nah go bleach me skin because me want be browning.
Me nah go bleach me skin because me love de one me in.

Verse One
Once upon a time old people use to seh,
Nutting black nuh good even black fowl dem runway
Yes some people tink dat de only way to reach,
Is to change yuh colour mar yuh skin and bleach
But if me listen to dem, me surely will regress,
So me naaw go do dat cause me a pre progress.

Verse Two
Some people vile and live inna de dark
Dat's why dem pass dem ugly remark,
Bout stay back if yuh black and if yuh white yuh alright
Dis only mek me want fuss and fight.
Me hear these words every time me look a job.
Is like dem want me fe cuss, kill and rob.

Verse Three
Look how me skin just nice and brown
If me bleach me ago let meself dung.
Right now some brown skin girl start fe win,
Cause de way to progress is with we mind not we skin
And still dem might tell me nuh stick around,
Now since me know dat, me nah try be browning.

Latoya Patterson Hermin Bell

Verse Four
Being black in Jamaica is hard,
Cause people want treat yuh with disregard.
Like if yuh dark skin this is a real big sin,
But dat nuh mean me ago be bogus browning.
Me nuh intend fe change who I am,
Nobody nah go mek me be nuh sham.

Rhymes and Riddims of Jamaica

LIFESTYLE

Weed and Grabba

Hermin Bell

Weed and Grabba *was inspired by a group of youths who the poet saw kneading and combining a mysterious substance with weed in the palm of their hand to make their spliffs. I asked them what the substance was and one replied, "grabba", then they laughed and said, "it a run de place. The Dub chronicles the youths interplay with this drug.*

Refrain
De Weed and Grabba,
A dat de youth dem want,
De Weed and Grabba,
Dem think it mek dem smart.

Verse One
Dem sidung pon de corna,
All dem heart desire,
Is a fifty dollar bag and a stick a grabba,
Ask dem weh dem after.
Wid de weed between dem finga,
Dem a wonder wah go gwaan fi de future.

Verse Two
A so dem draw it, so dem puff it ,so dem blow it,
Police a come dem affi chew it,
Dem just a talk and drawl,
Dem just sidung pon de wall.
A wait till evening come fi go play football,
Mi nuh know how dem dweet, a tall.

Verse Three
Everyday dem get up say dem bruk,
All because dem nuh want fe wuk,
How yuh fi reap when yuh nuh plant,
Stop de foolishness bout yuh can't,
Stand up like a man and plough de land,
Bend yuh back, dutty up yuh hand.

Latoya Patterson Hermin Bell

Verse Four
Hungry a bite and de worm dem a fuss and fight,
Whole heap a work over de site,
The wages right, and de boss hand no tight,
Yuh better work from day till night.
Betta yuh work fi little a nuttin,
Than yuh sidung a beg people sumn.

Verse Five
Education is de key to success,
If yuh nuh got it, dat is no destress,
Learn a skill, nuh wait on no will,
No hold a meds and bout yuh a chill,
Lift up yuh head, aim fi de hill,
Ina de end yuh will write yuh own will.

Inna Me Head

Latoya Patterson

This dub poem was written specifically for entry into the JCDC Speech competition, where it received a gold medal. A young lady expresses her affection for male companions of a certain stature. She also realizes her choices carry great consequences.

Refrain
A man inna me head head, head,
A man inna me head. head head,
From me likkle and a grow,
A man inna me head.

Verse One
Me naw go gwaan like me nice, a man me like.
Man wid de car, de bike and weh hype,
Man weh spend money and him pocket nuh tight.
Man wid de powa de viga and de fight.
Him coulda doctaman, lawya man, teacha man thief.
From him a let off di money him nuh outta my reach.

Verse Two
Me want a big black ,strong man,
Cause nuh wishie washie man nuh inna me plan,
Yuh haffi walk like a man and talk like a man,
Cause me want a man weh stand firm and strong
A leada of di pack not a man weh stan a back,
And yuh know seh him wallet haffe fat fat fat.

Verse Three
Now from de way me a talk,
Yuh wouldn't tink me a walk. Me shoulda have me own car,
Me shouldnt work at a bar.
But de man dem let me dung dung,
And now me look like man clown clown.

Verse Four
Me used to go a school late (cause a man inna me head)
Me neva graduate (cause a man inna me head)
Left school empty hand (cause a man inna me head)
Neva mek nuh life plan (cause a man inna me head)
Me tun big yam head because a man inna me head.

New Refrain
A shoulda book inna me head head head
A shoulda book inna me head head head
Since me big and have sense a book inna me head.

Verse Five
Me cyaa blame me parents cause dem send me a school
Dem did waan me fe learn, dem offa me de tools.
Dem even try to teach me about de golden rule
A my own fault dat me bruck de school rule
A my own fault dat me stubborn like mule.
A my own fault dat me dida gwan fool fool.

Verse Six
Now me open me eyes and start fe get wise,
And me start realize dat man a nuh prize.
If me want success me haffe study me book,
Me haffe work really hard and cyaa depend pon me looks
At de end of de day me cyaa depend pon nuh one,
Me haffi rely pon meself and definitely not a man.

Friendship

Hermin Bell

This dub was written to chronicle the poet's experiences with various friendships throughout the years.

Refrain
Yuh neva know yuh fren till yuh come out a de dust, Yuh neva know yuh fren till yuh get buss.

Verse One
True fren nuh vex when yuh pass de test,
True fren big yuh up and wish yuh de best,
True fren nuh vex when dem see de flex,
But some so-called friend hope yuh achieve less.

Verse Two
Dem nuh want yuh fi strive cause yuh a build a vibes,
Me naw go stay ina de nest like a bee ina hive,
Me know what mi want out dere ina life,
So nuh badda wid de hate and nuh badda strife.

Verse Three
When yuh waan know yuh fren just pretend seh yuh dead,
De things weh yuh hear a go swell yuh head,
Dem will say yuh do this and say yuh do that,
Me just glad a only one mouth dem got.

Verse Four
Imagine, we cook, we eat, things a run sweet,
We walk together our feet on de same beat.
Now all of a sudden, me yuh no want greet,
Go weh if yuh no want to ,yuh nuh affe dweet.

Verse Five
A true fren is really hard to find,
A true fren will give yu dem last dime,

Dem wi share yuh joy, dem wi feel yuh pain,
Dem deh deh all de time even when it rain.

Verse Six
When yuh find a fren yuh fi treat dem right,
Treat dem good and don't fuss and fight,
We all need a good friend that we can agree,
So won't yuh be a good fren to me.

Me A Beg A Second Chance

Latoya Patterson

A male lover tries to convince a love interest to give him a second chance after he has hurt her and betrayed her trust. He confesses his love, apologizes for his hurtful actions and promises to right all his wrongs. The poem was first performed in the JCDC Speech competition where it won a Gold medal.

Refrain
Me a beg yuh a likkle second chance, Please baby nuh tek dat hard stance.
Me really want to try fe mek yuh know,
Me love yuh from yuh head dung to yuh likkle toe.

Verse One
Me know seh me hurt yuh really bad,
Me know seh me mek yuh really sad.
Me dida hope seh yuh wouldn't find out
But yuh did, cause a Pat an har big mouth.

Verse Two
Yuh seh yuh love me and me know dat a true,
Cause yuh prove it with everyting yuh do.
Like wen yuh squeeze out de bump inna me face,
Me know yuh a one-woman me cyaa go replace.

Verse Three
Nuff woman wouldn't do de tings yuh do,
Like oil me scalp and clean me favourite shoe
Lotion me foot and clip me big toenail,
And bail me out dat time me land a jail.

Verse Four
Yuh know yuh is, a really good woman,
Cause if a neva yuh me couldn't even nyam.
And if a never yuh me wouldn't have de car,
And yuh nuh frown wen me visit de likkle bar.

Verse Five
Yuh know me luv yuh though yuh tink me lie,
Look how de tears dem a fall out a me eye.
A neva me first call out to de girl,
Look how one mistake mash up me whole world.

Bad Mind

Hermin Bell

Bad mind is often purely a Jamaican concept. Its meaning is closely aligned with jealousy. As humans, we all experience Bad mind/Jealousy or may have Bad mind/Jealousy aimed at us. This dub recognizes this and explains circumstances that can lead to this problem.

Refrain
Bad mind will mek yuh sad,
Bad mind will mek yuh mad,
Bad mind will mek yuh laugh,
And yuh know yuh nuh glad.

Verse One
Before crime yuh develop bad mind,
Weder yuh use de knife or pull out a nine.
Yuh can't trust people cause dem face look nice,
Think twice, look out de corner of yuh eyes.

Verse Two
Bad mind will mek yuh thief yuh fren clothes off a line,
Yuh eye too red yuh ago lose yuh mind,
Stop sprinkle yuh oil and powder,
Good over evil yuh nuh fear de fada?

Verse Three
Cut eye, Cut eye, can't cut me in two,
Through yuh bad mind yuh just a walk and a screw,
Yuh will use less muscle if yuh give yuh face a rest,
Stop hard up yuh face and yuh will have less stress.

Verse Four
Bad mind will make yuh sick no doctor can't fix,
yuh just a run up and dung and mek yuh heart skip,
Stop bad mind go drink some wata wid lime,
Cause if yuh don't stop yuh ago die before yuh time.

Verse Five
Because bad mind yuh just a shoot and a kill,
In de name of God yuh betta chill,
If yuh live by de gun yuh shall die by de gun,
And when yuh see police yuh must have to run.

Verse Six
Follow back a mi mek wi kill bad mind,
Mek wi box him and kick him and thump him outta line,
Bad mind look out a bad mind eye,
Bad mind, we mek yuh tell pure lie.

Inna The Class

Latoya Patterson
Inna The Class *was written to express the frustration many teachers feel while in the classroom. It was first performed by a teacher as a solo entry in the JCDC competition, earning a Silver medal.*

Refrain
Dem cyaa, pay me enough, to stay anada day,
Dem cyaa convince me fe stay nuh way.
Dem cyaa force me to teach anada class,
And if dem try fe do it me ago tell dem ge me pass.

Verse One
After me spend me week end a write lesson plan
Neglect me children and ignore me husband.
Me come to school, prepared and ready fe teach,
De pickney dem mek me just a shout and screech

Verse Two
Me ask dem question pon tings dem just get,
Dem look pon me like me just a waste fe me breath
Dem doan do homework suh me just stop ask,
Now yuh see why teaching is a thankless task.

Verse Three
To mek matters worse dem tell dem parents lie,
Bout dem nuh get homework how fe dem eye suh dry.
Dem seh dem parents cyaa afford fe buy nuh textbook,
But yuh fe see dem pricey bag and shoes just tek a look.

Verse Four
If dem did slow and waan learn me really could a deal,
But dem only seem to care bout time fe dem next meal
As soon as class start dem want know wen it ago end,
And most a dem nuh have neider book nor a pen.

Verse Five
Dem a full a attitude and most of it nuh good,
And ministry a tell me seh dem just misunderstood
Alright if a suh it go come teach dem one day,
And see if yuh nuh seh de same ting weh me a say.

Me Nuh Undastand Fe Me Teacha

Latoya Patterson
This dub poem highlights the confusion a student experiences when she tries to meet her teacher's expectations.

Refrain
Me nuh undastand fe me teacha at all,
Every time me ansa har is like she just waan ball.
Me nuh undastand how she a gwaan like me nuh bright
Wen every time me ansa har me know me get it right.

Verse One
One Monday morning Miss in confusion
Ask de whole class fe draw conclusion.
How me fe draw dat without me pencil,
And fe mek it worse me neva bring me stencil.

Verse Two
Miss ask de question who Mandela is,
Me raise me hand cause on Soci me a wiz.
Me know Miss. Is de man from Spanish Town? Weh dem beat last night and den shot him dung

Verse Three
Miss nuh stop roll her eyes pon me
And me gwaan like seh me nuh see
But me know me cyaa get de next one wrong
Even if she mek de question really long.

Verse Four
Miss start with Maths this time
Me face get sour like lime
Cause although me really try fe do me best,
To tell yuh de truth Math is not me best subject.

Verse Five
Miss ask we to find de x in de problem.
Me tek me pencil and circle de whole a dem.
"See dem deh miss!" me call out really proud
Miss hold har head and start cuss really loud

Woman Time Now

Latoya Patterson
This dub poem underscores the strength of a woman. The speaker invites women to step forward and take their place as the time has come for their strength, grace and beauty to be duly recognized.

Refrain
A woman time now me seh a woman time now,
Every man step back because a woman time now,
A woman time now me seh a woman time now,
Yuh nuh hear weh me seh, me seh a woman time now,

Verse One
Suh because of Eve's sin we suffer under man,
Because dem seh Eve was de bad one.
Yuh seh as a woman, me claim Eve as me kin,
And as a daughter of Eve me bear de stain of original sin
But if me claim Eve den yuh claim Adam,
And all man should be punish cause Adam luv nyam.

Verse Two
Suh Eve lured Adam into nyamming de fruit
But me seh to yuh, dat is really not de truth.
She neva force him to tek dat first bit,
But dem still blame Eve and yuh know dat nuh right.
A suh dem stay, a suh dem gwaan, dem neva want tek nuh blame
It wasn't me is dem favourite refrain.

Verse Three
Yuh start war and yuh mek de mada bawl,
Cause har child is killed by yuh senseless war
Yuh starve de needy and de poor and yuh feed de rich
And den yuh claim seh yuh doan know which is which
Yuh cause pain and yuh mek tears fall,
And wen dem ask yuh, yuh seh I doan recall.

Verse Four
Yes dem claim woman less than man,
But dat must change cause me have a plan.
We cyaa remain silent and doan seh a word
It's time for us to step up and be heard.
We tried it your way for many many years,
And all we have to show is a sea of tears.

Talk De Tings Dem

Latoya Patterson

This poem was written to reflect a wide range of corruption and issues plaguing the Jamaican society. It highlights the consequences of supporting wrongdoings on the nation as a whole.

Refrain
Talk de tings dem
Yes me talk de tings dem,
Me talk de tings dem,
Cause we nuh fraid a none a dem,

Verse One
Wen yuh know yuh son involved in vice and crime,
And cause yuh love him yuh nuh want him do nuh time
Suh yuh wash him bloody clothes and hide him gun
But yuh fe memba to, him victim a someone son.

Verse Two
Wen yuh send yuh child go learn at school,
And him go there go break all de school rules
Yet yuh back him fe him wrong one hundred percent,
Yuh nuh fe mad wen him leave yuh yaad without yuh consent

Verse Three
Wen yuh owe allegiance to a political party,
And anyting dem do dem still have yuh loyalty.
Wen dem do dem wrong yuh seh yuh understand,
How yuh fi understand wen dem a wreck we poor nation.

Verse Four
Wen yuh support a certain trendy musician
Him do him wrong and fall under suspicion
But kill yuh dead yuh know it cyaa be him
Even wen yuh hear him voice clearly pon de film.

Verse Five
Wen yuh doan talk to yuh girl child about sex.
If dem get pregnant yuh really shouldn't vex.
Cause if yuh sit dem dung and tell dem de real truth
Dem woulda inna school now and a enjoy dem youth

New Refrain
Me nuh care if yuh seh me a informa
(Me talk de tings dem de real tings dem)
Me nuh care if yuh tink seh me chat too much
(Me talk de tings dem de real tings dem)
Me have nuff tings to seh fe me mout nuh join church
(Me talk de tings dem de real tings dem)
Me nuh like see wen bwoy a wear tight pants
(Me talk de tings dem de real tings dem)

It Nuh Funny

Hermin Bell

It Nuh Funny *was written to highlight the fact that in spite of the myriad of social problems we have in Jamaica, we still have positive energy and a people who are warm, witty and filled with hospitality.*

Refrain
Dem nah go like me fe this" but it nuh funny,
How dem a put down Jamaica, it nuh funny,
How dem a bash Jamaica, it nuh funny.

Verse One
Me nah go call nuh name, in de US 9/11 was a massive attack,
It was an organized crime what a serious act,
Ina broad daylight skyscraper a slide,
And many more casual attack worldwide.

Verse Two
Everybody gone a foreign a this dem a say,
Unuh stop kill off unuh one anada down deh,
Whole heap a criminal mind dem lock de street,
And when dem do dem act nobody never seet.

Verse Three
It so sad that Jamaica top de list for crime,
All over de world, cold- blooded massacre from time to time,
Whole heap a undercover crime when nuh reach de news,
And people a suffer from emotional abuse.

Verse Four
Multiple time disaster threatened we land,
We pray to de fader and him stretch out him hand,
A nuh good wi good look how wi vile and tan,
But a nation well-chosen is a part of God's plan.

Verse Five
Everybody want to be like us,
Fe we culture fe we slang de whole world just a lust,
Mek we show more love and no badda wid de fuss,
So kibba unuh mouth and stop gwaan like we country a de wuss

Verse Six
Instead a prayer breakfast call a solemn fast,
So de prayer of faith will save de lost,
De highways and de byways and de community,
All we need is love and unity.

Verse Seven
Jamaica nice and de people dem warm,
We dramatic and we full up a charm,
When anything wrong, everybody ride out de storm,
It might rough now but soon it a go calm.

Latoya Patterson Hermin Bell

SOCIAL ISSUES

Mama

Hermin Bell

*The poem **Mama** is dedicated to my mother, Icilda Bell. It recognizes the sacrifices she made for me, as well as the love she showed to me every day.*

Refrain
Mama, yuh a de beat a mi heart,
Mama our love will never part,
Mama, yuh journey start and yuh smart,
Mama, yuh wipe me nose when it full a nose nart.

Verse One
Yuh give mi life and yuh watch mi a strive,
Yuh rub mi belly and it ease mi when mi gripe,
Mi mouth yuh wipe when mi cotton candy stripe,
And sing mi lullaby in a de middle a de night.
Yuh wake up in de morning and set de plan,
Yuh work ina de sun fe buy mi pretty dan dan

Verse Two
Mama! yuh virtuous, ambitious and industrious,
Yuh wash mi clothes when dem full a dust, dust,
Yuh plow, yuh plant and yuh sow de land,
An yuh always seem to have a plan.
She put me inna her lap an comb mi hair,
An seh a nuh every style yuh see yuh fe wear,

Verse Three
Mama! Yuh always deh pon yuh knee,
Yuh pray an pray till de fader hear yuh plea,
Mama! Yuh help de weak and yuh help de strong
Cause yuh always try to give a helping hand.
Yuh give to de left, yuh give to de right,
That's why yuh walk by faith and not by sight,

Verse Four
Every child fe have dem own, so she buy me a pot,
She mix up de cornmeal and de coconut,
When de cornmeal swell It go pop-pop-pop
Me cute little jaw get big and fat.
She tell me cover yuh chest and yuh rear,
Cause when yuh walk naked people we stare (yuh hear?).

Why Oh Why

Latoya Patterson

This poem was written as a commentary on the heinous acts perpetrated against children at an alarming level. The dub was used to express the speaker's rage, pain and sorrow at the crimes being meted out.

Refrain
Why oh Why, Why anada child haffe die,
Why oh Why, Why anada mada haffe cry.

Verse One
Me siddung a watch de news last night,
Yuh know me nearly start cry at we Plight.
Me just torn in two cause me just suh sad,
But de ada side a me just get suh mad.

Verse Two
Cause we children being hunted like prey, And everyday anada child get slay.
Yet even bird, fish and lobster have dem own season, But fe de Pickney dem its always open season.

Verse Three
And just last night dem rape anada likkle girl
Dem remove one of God's brightest star from de world
Den two days lata a likkle boy get kill.
Wen me hear how dem do it me immediately feel ill.

Verse Four
Me get suh fed up me even stop watching de news.
Cause all me keep hearing is more children being abused
We stop offer dem simple protection,
And instead we seem resolved for dem destruction.

Latoya Patterson Hermin Bell

Verse Five
Suh how long yuh tink de lawd goin watch we slay we young
Before him get suh mad him just open up de grung.
Den in one fell swoop him just wipe we off de earth,
And doan tink twice before him return we to de dirt.

Absent Dad

Hermin Bell

Absent Dad *was written by the poet after observing a conversation between a single mother and her two daughters. The poet was moved to immediately write this poem using direct quotes from their conversation.*

Refrain
Me nah seh nuh daddy,
Me seh me nah seh nuh daddy,
Daddy a fe fada who mine dem pickney.
Me seh me nah seh no daddy.

Verse One
Me fada neva own me, him never mine me,
Many day him nuh know say me hungry,
Him nuh know weh me wear, him nuh show say him care,
Him a gwan like a mummy one ded carry mi come here.
School fee him nuh pay, nuh shoes fi mi wear,
So me wear weh me have me nuh care who a stare.

Verse Two
Whole heap a time me sick, whole heap a doctor's visit,
Him nuh look pon de clock how fast it a tick,
Anytime me see him, him say nothing nah gwan,
Him a sing pon dat from the day me born.
Dats why me nuh ask cause me did done know,
A so him stay from me little and a grow.

Verse Three
Me nah go out a de way fi get no sweety,
Nuh boy naw stretch out him hand fe beat me,
Me haffe reach me goal everybody a go see,
Anything me nuh get me nah go fret nor worry.
Me may likkle now but a big mi a get,
A nuh bet mi a bet, yuh nuh see nothing yet.

Verse Four
Me birthday come, Christmas come,
Easter come not even a bun,
Me nah badda ask cause mi nah go get none,
Him nuh got no funds so him fun soon done.
All him have a pure woman pon him mind,
So when it come to me him nuh try fe fine no time.

Verse Five
Him neva come a me graduation,
Not even know if me pay fe me exam, Is a good thing me have ambition,
Me nah go sit dung and stifle me plan. Better days will come out a me situation, Cause mama tun her hand and mek fashion.

Verse Six
One day my mummy ago proud a me,
Me granny, me sisters and all me family,
Me nuh know if him ago join wid we,
Him forsake me, but now him ago sorry,
De wheat and tares will grow,
And when a harvest time yuh will know.

There Must Be A Betta Way

Latoya Patterson

This poem was written as a commentary on the myriad of social issues which affect the Jamaican society. It expresses the hopelessness and sorrow the speaker feels at the situation.

Refrain
There must be a better way,
Me seh there must be a better way.
Cause what we have now just cyaa stay,
There must be a better way.

Verse One
De crime rate seem to increase every year,
And nutting change is like dem nuh care.
We fight crime using de same strategy,
And wen it fails we seh what a tragedy.
Dem seh dem a try but me just cyaa see,
Suh every night me have fe go dung pon me knee.

Verse Two
Dem send children to school without nuh book
Yet dem parents wearing de latest look,
Children every day dem misbehaving,
Is like dem nuh have nuh home training
Families not doing enough socializing,
But yet dem still reproducing.

Verse Three
Children nuh want go to school and learn
Because there is nuh guarantee dat this will mek dem earn
Cause all we can see is unemployment,
Everywhere dem look is disappointment
Suh some want to grow up to be scamma
Cause all dem see is de glitz and glamma.

Verse Four
De govament doan seem to have a plan,
Dem leave we fe suffer unda criminal han
Everywhere we look is mismanagement,
What else we ago get from de establishment.
Dem more concerned wid winning the election
And lack interest in curbing inflation.

Mistreated

Hermin Bell

Mistreated *was written based on the poet's memories of childhood trauma, chronicled by her friends and the need to highlight the plight of our children.*

Refrain
Me heart a beat,
It a drip pure blood, Me cyaan manage,
Me seh me cyaan have nuh fun.

Verse One
Me rememba when me mada ded deh yah,
Now she gone and me caan have nuh pleasure,
Tings woulda nice, it woulda sweeta,
It woulda betta, if me mada ded deh yah,
Me affi wok fi weh me want fe me and me bredda,
Pick up bottle fe get a little butta.

Verse Two
Me sick and tired a de nasty life,
Me sick and tired a de whole heap a strife,
Every night de boss lady a creep ina mi bed,
De way how mi fed up, mi feel fe blow off me head.
Life nuh nice when yuh living in a mess,
Me ago shoot somebody and me think a meself.

Verse Three
Losing a Mada it's not easy,
When yuh living ina dutty society,
Nuh remind me bout me past, dutty boy,
Bout yuh waan rape, a me yuh waan destroy,
Love and care mi treat mi like a lady, yuh brite,
Me look rough outside but am a woman inside.

Latoya Patterson Hermin Bell

Verse Four
A just de batta and de beaten and de hungry living,
Look how me stressed not a fardeng not even a shilling,
More time mi all wonda if mi deserve this,
Unun tell me what happen what could a cause it.
Cause everytime dem talk dem a mash up mi head,
Fada God it affi stop now me want hol a meds.

Verse Five
How long me ago lurk ina de dark?
Me a try fi mek it right me naw skylark,
My time fe shine just turn on de light,
Me might dim now but me light wi soon bright.
Me want better fe me life me a try fe go a school,
And den dem turn round and seh that me fool.

Pressure

Latoya Patterson

Pressure sheds light on the impact of adolescence and growing pains on the mental health of teens. Different teens share their experiences of adapting to physical, emotional changes they experience and the impact of the same on their lives.

Refrain
Pressure, suh much pressure,
Pressure, suh much pressure,
Pressure me unda pure pressure

Verse One
From me reach thirteen me confuse,
Cause me body leave me baffled and bemuse
Tings start appear where dem neva did before
And weh use to flat now start get sore.
Me body start fight me, in fact it start to betray me
Cause de boy me use to fight, is now de boy me like

Verse Two
Tings start get even stranger to me,
Me like makeup now and every mirror me see
But me a tomboy me nuh care bout clothes
But now me in de mirror everyday just a pose.
Me put away de games me use to play.
And start worry bout if me should go all de way.

Verse Three
And me friend dem a add to de pressure,
Cause dem want tek me pon an adventure.
But me nuh really tink Mama would approve
In fact me know seh she would disapprove.
Now everyday Mama pon har knees a pray,
And she want tek me to church both night and day.

Verse Four
Is like me torn in different directions,
Anyting me want do there is objection
De school a tell me seh fe pressure me book,
Me friend a tell me seh fe skull class and go cook
Me and mama always in a pure conflict
Cause every move me meck she just want restrict.

New Refrain
Weh me fe do wen me cyaa tek de pressure,
Weh me fe do wen it neva get betta.
Pressure suh much pressure,
Pressure me unda pure pressure.
Weh me seh pressure nuh more pressure,
Pressure me cyaa tek de pressure.

Me Father Don't Love Me

Latoya Patterson

The speaker is a student, who wallows in abandonment because she does not have a good relationship with her father. Though he rejected her as his child, he takes pride in showing off his other children.

Refrain
Me father doan love me, him nuh want me
More time him gwaan like him nuh know me
Me father doan love me him nuh want me
Dat's why him nuh willing fe own me.

Verse One
Me father tell me seh me is a jacket
And me a one jacket weh nuh fit.
But wen yuh look pon we face we have de same big nose
We foot dem match dung to we twin toes.
Suh why him a gwaan like we nuh family,
Wen everyone can see me a fe him pickney.

Verse Two
Him seh fe him fada neva own him,
And dat did mek fe him life really grim
Suh him know exactly how me feel,
Because him did get de same raw deal.
Him seh him come out alright even though him get a fight
And yet him refuse fe do what is right.

Verse Three
Me father should be better not worse
Yet him mek me want bawl and curse
But de ting dat really hurt de most,
Him have a new son and him nuh stop boast
Every day him post him son pon Facebook,
Yet him neva post me, nuh care how hard me look.

Verse Four
Me try fe kill me self last night,
Me almost give in to de pain and stop fight
But me know seh him really doan care,
Cause all now, him still, doan reach here.
Him doan seem to care if me live or die,
And now dat me know all me do is cry.

Verse Five
Some man malice dem child fe real,
Just because dem and de mada stop deal.
Dem fe memba de child a still part a dem
Even though dem and de mada is nuh longa fren
Me certain him help mama bring me here
And now him a gwaan like him wasn't there.

Verse Six
Him a go regret how him treat me one day,
Cause me know me God will surely mek a way.
By de sweat of me brow me will succeed,
Me success inna paper it him a go read.
And wen him come to me wid him hand out,
Me a go send him to de child him did boast bout.

Ge We Likkle Love

Hermin Bell

Ge We Likkle Luv was inspired by the poet's observation of parenting in her community. Many parents are so busy engaged in the struggle to ensure that the financial needs and wants of their children are met that they spend little time taking care of the emotional needs of their children. Sometimes all children really need to hear, I love you.

Refrain
Just ge we likkle love, a likkle love,
Just ge we likkle love, a likkle love,
Just dash it over me and let it run ova me,
Just ge we likkle love, a likkle love.

Verse One
Anywhere we did deh, a yuh come call we,
Now that me reach just love and care me,
Don't accuse we fe nothing wrongfully.
Be a parent, pay attention, don't be a bully,
Don't box out we teeth and kick we dung,
Remember when we born a fi yuh belly ded bun.

Verse Two
Listen to yuh children watch dem action,
If yuh don't do it dem ago seek attention,
Den Mama yuh ago siddung and cry,
A de truth me a talk me naw tell no lie.
If yuh did know yuh woulda take a stand,
Before de situation get out of hand.

Verse Three
When yuh broke and nuh have no money,
Please don't take out yuh anger pon we,
Show some mercy nuh mama and papa,
When unuh vex we get beating fe nothing all.

A so yuh show love fe we halla and bawl,
Yuh a force we fe run weh and nuh answer yuh call.

Verse Four
From de day me born yuh busy, a wash,
Yuh so busy a chat, yuh bun up de pot,
Work caan done so yuh betta left some,
Else yuh ago end up dong a lawd me done.
Spend some time pon yuh one little son,
The way things run, yuh better watch him and de gun.

Verse Five
Waah Mama me belly a hurt me,
Yuh buy de thing me nuh know how fi use it,
Me caan ask me friend because she ago chat,
Den yuh same one ago cuss bout that.
Console me mama me a yuh one dawta,
Show likkle more love dats all me ask fa.

Verse Six
Material things a nuh love that,
Anything we need a yuh have de cash,
Time hard and we know seh it tough,
Sometimes de little butta just cut,
But nuh worry yuhself because we live pass ten,
Lata in a life a we ago mek yuh spend.

Yuh Shouldn't Touch It

Hermin Bell

Yuh Shouldn't Touch It *was written to educate young people about the danger and ravages of prolonged abuse to certain illegal drugs.*

Refrain
Crack Cocaine will mash up yuh brain,
And everything yuh do it ago turn out lame.

Verse One
Don't touch it, yuh shouldn't see de white stuff and taste,
Now yuh feeling high like yuh want to fly,
Yuh shoulda tell de old devil it's a lie.
Now mama start cry and papa start cry,
Yuh sell out de fridge, sell out de watnot,
Yuh even sell out yuh mada best church frock.

Verse Two
Doing drugs is a serious offence,
Man kill man and go serve sentence,
Weder yuh sniff it, yuh smoke it, or yuh sell it,
Drus is a thing weh mek yuh unfit.
Because a ears hard yuh lose yuh kinfolk,
Heroin and coke is not a joke.

Verse Three
These type a drugs a fi medical authority,
Come back to life come back to reality,
If yuh don't stop yuh ago bite de duss,
Stop draw up yuh nose yuh nuh have sinus,
Welcome to Rehab before yuh get a toe tag,
Or dem will zip yuh and put yuh ina big body bag.

Latoya Patterson Hermin Bell

Verse Four
Through drugs, yuh put yuh family ina fear,
Through drugs, yuh sit down and a stare,
Through drugs, yuh lose yuh career,
Through drugs, yuh nuh live nowhere.

De System

Hermin Bell

De System chronicles the social ills plaguing Jamaica and the world during the last world recession. At the time many Jamaicans were suffering from the negative effects of the economic downturn. The Poem was written as a response to this period.

Refrain
De system a stress me,
A try fe depress me,
Dem want fe confuse me,
Den turn round and use me.

Verse One
Dis is de land of wood and wata,
Whole heap a sun and sometimes brawta,
But me affe wonda weh de government afta,
Cause anytime dem talk is just pure disaster.
De world gone inna straight recession,
Which lead us inna deeper depression,

Verse Two
Yuh neva talk, yuh neva hold a discussion,
By-election is de order of de nation,
Confusion in de house of parliament,
How we fe grow, wat a law wat a testament?
Millions of dollars fe every campaign,
And tax pon we head that a whole heap a strain.

Verse Three
There is a host of corruption in de force,
Scams and lies and bleak discourse,
Me wish dem do right and nuh seek fe gain,
Life rough and tough and we pocket a strain.
No emergency care me no see inna the plan,
And some hospital nuh have machine fe scan.

Verse Four
Dem redundant he, dem redundant she,
Dem redundant even de little baby,
Me nah go roam street and skin me teeth,
How we fe sleep when we life it no sweet?
We pickney hungry and de food stamp cease,
Plus the rent too high and me cyaa pay fe lease.

Verse Five
Dem put de tax pon basic food items,
So why we badda sing the national anthem?
Unuh stop talk bout nuh wuk no deh,
Go plant up the land yuh hear weh me she.
Jamaican people dem dont haffe beg,
Dem have the resource dem fe use dem head.

Better Mus Come

Latoya Patterson
This dub was written to express the frustration that many Jamaicans feel at their inability to gain economic independence regardless of the hard work they continue to put in.

Refrain
Betta mus come me seh betta mus come
Me haffe believe or me ago run de plane dung.

Verse one
A nuh everyday me ago be well poor,
A nuh everyday me finga dem ago sore
Cause me work very hard fe sen mi pickney a school,
Now teacha a call seh dem a gwan fool fool.

Verse Two
Me work three weeks without nuh pay,
Now me learn seh de boss him just run way
How me ago clothes and feed me children
Weh me ago tell me hungry pickney dem.

Verse Three
Me go dung pon me knees every night and pray
Cause me know fe me god and him nuh play.
But until den mi still a hole on night and day,
Cause me know my god will surely mek away.

Verse Four
Tings neva seem to change for de betta,
Suh me ago write de govament an open letter.
Dear learnt ones is this de best yuh can do,
        I hope one day yuh doan expect a thank yuh.

Latoya Patterson Hermin Bell

RELIGIOUS DUBS

Judgement

Hermin Bell

Judgement *was inspired by a religious encounter while at church one Sunday. The message was about the importance of repentance. The words bore fruit and the poem was created.*

Refrain
God a talk, God a talk my fren,
Yuh nuh hear de sound a de Trumpet a blow, Him a knock at yuh heart open de door, Because yuh heart too hard, God a talk.

Verse One
Unclean people a yuh him a talk,
Cleanse yuhself and come out a de dark,
Noah did a warn, only eight inna de ark,
Weder good or bad this yah end it ago sad,
Saddle up yuh ways this is de age of Grace.
A nuh flood this time a fire……. And it hot, hot, hot.

Verse Two
Yuh cyaan say yuh neva did hear de word,
Yuh cyaan say nobody neva carry yuh go a church,
Yuh harden yuh heart and yuh stiffen yuh neck,
Yuh want de world and a it mek yuh vex.
Run, run, run fi yuh life,
Anything yuh do, a yuh ago pay de price,

Verse Four
Yuh slander yuh neighbor and yuh witchcraft yuh fren,
Yuh think him nuh see or him nuh memba when,
Don't take this warning lightly,
Repent of yuh sins and yuh iniquity,
De cross him carry it was so heavy,
Thirty nine lashes for yuh and me.

Latoya Patterson Hermin Bell

Verse Five
De pain a de nail was such an agony,
Tink back, him neva mus dweet fe we,
Thousands of angels him coulda call,
Because of his love that's why him ded a bawl,

Him say mada's! Don't cry fe me,
Cry fi yuh self and yuh likkle pickney.

Verse Six
Judgment, lightning and thunder, Hailstone Brimstone and fire,
A weh we ago do afta we sin so long,
How we ago save after we do so much wrong.
Once I was blind but now I can see,
Help we father God have mercy mercy.

What Is your Mood

Hermin Bell

What Is Your Mood *was inspired by a poet the author saw on television performing a dub for worship. It immediately placed the author in the mood to worship, and so the author decided to write this dub in the hope that it will also put the reader in a worshipping mood.*

Refrain
I'm in a praising mood, said I'm in a praising mood,
Inna mi bone it feel like fire,
Like Jeremiah me can keep quiet,
Hallelujah! A feel like halla,
I'm in a praising mood, said I'm in a praising mood.

Verse One
Praise him in de valley praise him in de hills,
Joshua never wait until de river still,
Sometimes yuh have to praise him in de midst of de storm,
because after a storm there must be a calm.

Verse Two
Check; Paul and Silas was a perfect example,
Dem inna prison and a praise , dem a sample,
Tek two leaf out of de book call Acts,
Confuse de enemy mek dem shame and shock.

Verse Three
Long-suffering, Red sea, Jherico wall,
Only yuh praise can mek it fall,
Lift up yuh head, lift dem high with praise,
Dis is de last and closing days.

Verse Four
Wen yuh wake up in de morning and yuh hand can raise,
Open yuh mouth and give him all de praise,

Send up yuh praise before yuh choke,
Cause de anointing breaks de yoke.

Verse Five
Praise him like yuh neva praise him before,
Tell him thanks to open up some doors,
Praise him for his merciful kindness, praise him in advance,
Cause when de blessings come yuh ago jump and prance.

Verse Six
Yuh deserve every praise and glory,
We give thanks fe de cross of calvary,
His blood was shed to set us free,
Oh lawd what a joy and victory.

De Signs of de Time

Hermin Bell

De Signs of De Time *was inspired by biblical prophecies which speak of the times when men's hearts will become hardened. The types of acts being perpetrated by one man against another seem to show that we are living in the times we were warned about.*

Refrain
De signs of de times are here,
Yet people a kill widout fear,
God a call but dem just don't care,
De signs of de times are here.

Verse One
People a hate widout a reason,
De bible seh, dere's a time and a season,
Dem a rape, dem a scrape dem a jump like Ape
But yuh know from God dem cyaa escape.
Dem a tek weh yuh land and a mash up yuh plan,
And seh 'I are de one?'.

Verse Two
Yuh cyaa plant corn and want reap peas,
Yuh cyaa build strife and want live life,
Yuh betta change yuh ways,
Before God shorten yuh days.
Redeeming de time because de days are evil,
Trust in God and run away de devil.

Verse Three
Yuh betta go a knee city an de master will pity,
A nuh nuttin pretty pretty, just give him de nitty gritty.
Behold de days will come, wen people a run up an dung,
And de moon an de sun drop dung,
Dem neva know de fun woulda dun,
Dem neva know this day woulda come.

Verse Four
We have more drought than John read about,
Look how de time hot everybody a shout,
As night come down daylight come quick,
We used to bury granny, but now de young get sick.
Wen a baby born as yuh quint him tun six,
An people a worry bout dat and dis.

Gods Plan

Latoya Patterson
This poem is written as a series of questions to garner answers for God's purpose and God's plan for humanity.

Refrain
What is man ,who am I and where am I from,
Me want know, why we here, and who mek this land
Cause wen me look pon tings, me see, a divine hand
Me nuh sure but me know dat God had a plan.

Verse One
Wen me look pon it man is really just dirt,
But me still believe a God put we pon this earth.
Man a dirt, Man a dirt, Man a dust, in de wind,
And without God's love We'd all die in sin.
Me nuh know if it just but me convince man a dust
Man a dust, Man a dust, Man a dust.

Verse Two
Charles Darwin talk bout evolution, And put forward natural selection.
Him seh all man come from primate
But dat nuh explain how we love or we hate And even wen we look back at de past.
At de end of de day we still have fe ask.

Verse Three
We tink seh we big bold and we great,
And sometimes dat mek we lose we faith.
We get suh busy we tink we doan need de lord,
We get suh large we forget who really in charge.
Cause we create tings of awe and tings of wonder,
But wen me tink bout man me still haffe ponda.

Verse Four
We able fe talk and we able fe tink,
While animals just use dem instinct
Scientists talk about de big bang.
Dem seh, dat's what, de world come from.
And if dat a true, and there is some doubt.
That still doan explain how man come about

Verse Five
Marcus did mek God lead de charge,
And even Bob Marley neva tink him too large.
De don did tink seh him big and bad,
But seet deh dem ketch him wid a man of God
De DJ did tink seh him safe and secure,
But look deh him end up behind jail door.

Verse Six
We doan know God until there is drought and nuh rain
We doan know God until we back bowed with pain.
God loves us suh much he made yuh and me,
God loves us suh much he wanted us to be free.
God sent his son to die for our sins,
Suh open up yuh heart and mek Jesus come in.

Jesus Love Fe We

Hermin Bell

Jesus Love Fe We *was written to celebrate Jesus' love for all mankind and to show despite the greatness of other Icons there is still no one as great as Jesus.*

Refrain
Suppose Jesus neva born fe we,
Cry fe we, bled and died fe we,
Den how redemption woulda buy fe we.

Verse One
Bedward, lie him seh him ago fly,
De people dem gader every July,
Him tek dem money and run wid it,
Head part neva god so de plan forfeit.
Dat's why his blood couldnt shed for us,
Only Jesus blood is good enough.

Verse Two
I waan know how Pilot agree,
Fe free Barabas and throw way de key,
Cause de crowd shout out his him we need,
And him wash his hand and sign de decree.
I know my God neva happy to see,
How a thief like dat coulda die fi we.

Verse Three
Bob Marley sing no woman nuh cry,
Him sing reality him nuh sing no lie,
Him seh free yuhself from (mental slavery,)
Jesus bled and died at calvary.
His name on walk of fame fi true,
But Jesus rend de curtain in two.

Verse Four
Daddy Marcus him use to fight for us,
Him say human rights and justice we mus,
Black Star Liner was a policy,
It tried to contribute to de economy.
Marcus Garvey was brave, he loved equality,
But still fe we sins him couldn't bare de agony.

Verse Five
Political trickster dem love to talk,
But all dem want is an X fe mark,
Light road and wata a we plea,
Wen de money come dem a ball out cree.
Wen time hard they are nowhere around,
No matter how we look they cyaan be found.

Verse Six
Jesus, mek de rain come fall me, fren,
De sun come shine again,
Food clothes and shelter supplied,
We are Abraham seed he never denied.
De breath of life is a promise gift,
Him offer it fe free and it's not a myth.

Confused

Hermin Bell

Confused was inspired by the many false prophecies taking place in the Church. Sometimes these prophecies are confusing because the source of the message is not of God but is being done for the glory of the messenger.

Refrain
Some people a walk when God a walk,
Some people a talk when God a talk,
Mek all sort a noise when him a walk
And dem know him nuh talk, talk.

Verse One
See yuh face but me caan see yuh heart,
Gwaan like yuh smart but yuh living in de dark,
Yuh know seh yuh wrong and yuh started to bark,
Stop de loud noise, ….yuh nuh hear God a talk.

Verse Two
Mek we humble weself and pray,
Ask him fe lead or we ago stray,
De time is short no time to play, play,
Everybody waan go a heaven…. nobody waan fi stay.

Verse Three
Empty yuh self with fasting and prayer,
Brokenness is what de lord require,
Turn from sin or yuh burn up in a fire,
De sooner yuh surrender de better.

Verse Four
God made us all great and small,
Lay down his life for one and all,
Don't condemn people, hear God a call,
Listen to him or one day yuh a go bawl.

Verse Five
False prophet dem come out in a jacket,
Know God fe yuh self dem crabbit,
Read yuh Bible and study it,
Stick to de truth…don't switch.

ABOUT THE AUTHORS

HERMIN BELL

Hermin Bell developed an affinity for writing during her childhood. Born and raised in Port Antonio, Jamaica, she drew inspiration for her poems and short prayers from a colourful island upbringing. In school, she was an active chorister, who later delved into acting and writing. Her participation in the Jamaica Cultural Development Commission (JCDC) national performing arts competitions inspired her to hone her craft. Today, Hermin is co-author of her first poetry book, *'Rhymes and Riddims of Jamaica.'*

Hermin is a prolific writer as she has written over 300 unpublished poems in various categories spanning from Standard English, dub poetry and Jamaican dialect. Her poems have been widely performed in schools, churches and functions such as weddings and various other social events

Her participation in the Jamaica Cultural Development Commission (JCDC) National Performing Arts Competition has garnered gold, silver and bronze medals at the parish, national and international level. Hermin's deepest desire is to continue to write poems to make a positive impact on the lives of others. Images of Hermin's original work proudly displayed on her parents' kitchen wall were a constant reminder of her purpose to influence lives positively through Rhymes and Riddims.

LATOYA PATTERSON

Latoya Patterson is the author of a children's picture book, '*I wish Mommy Would Come Home*' and co-author of the poetry book '*Rhymes and Riddims of Jamaica.*' She received a Diploma in Teaching from The Mico University College, Bachelors in Education from the University of the West Indies and a Post-Graduate Diploma in Children's Media Production from Centennial College.

Born and raised in Portland, Jamaica, a passion for writing came naturally for Latoya. During her 15 years as a classroom teacher, she developed a knack for the performing arts and began curating poems, songs, plays and dramatic pieces that her students would later use to enter the annual Jamaica Cultural Development Commission (JCDC) performing arts competition.

Her insatiable appetite for the performing arts propelled her to write Standard Jamaican English and Jamaican dialect poems and plays that have proven to be winning pieces for her students and other performers. Latoya's creative pieces have been performed in local and national competitions and have garnered medals and high acclaim.

Though she currently resides in Canada where she is pursuing her writing career, Latoya shares a deep love for her Jamaican culture and is resolute to continue highlighting Jamaican culture through her creative writing style and new Rhymes and Riddims.